관성의 법칙

시산맥 서정시선 072

관성의 법칙
시산맥 서정시선 072

초판 1쇄 발행 | 2020년 11월 5일

지 은 이 | 조용수
펴 낸 이 | 문정영
펴 낸 곳 | 시산맥사
편집주간 | 이성렬
편집위원 | 강경희 안차애 오현정 정재분
등록번호 | 제300-2013-12호
등록일자 | 2009년 4월 15일
주　　소 | 03131 서울특별시 종로구 율곡로 6길 36,
　　　　　월드오피스텔 1102호
전　　화 | 02-764-8722, 010-8894-8722
전자우편 | poemmtss@hanmail.net
시산맥카페 | http://cafe.daum.net/poemmtss

ISBN 979-11-6243-144-3　03810

값 9,000원

* 이 책은 전부 또는 일부 내용을 재사용하려면 반드시 저작권자와 시산맥사의 동의를 받아야 합니다.
* 이 도서의 국립중앙도서관 출판시도서목록(CIP)은 서지정보유통지원시스템 홈페이지(http://seoji.nl.go.kr)와 국가자료공동목록시스템(http://www.nl.go.kr/kolisnet)에서 이용하실 수 있습니다. (CIP제어번호 : CIP2020044938)
* 이 시집은 교보문고와 연계하여 전자책으로도 발간됩니다.

관성의 법칙

조용수 시집

* 본문 페이지에서 한 연이 첫 번째 행에서 시작될 때에는 〈 표기를 합니다.

■ 시인의 말

내가 사는 동안 좋아했던 일은

시 쓰며 노래했던 일이다

지난날도 그렇지만

다가오는 날도 이러할 것이다

삶을 노래하고, 시를 쓰며

어디로 가야 하는지 물었지만

대답은 막연하다

뒤돌아보면

어지러운 발자국 같았다

2020년 10월, 조용수

■ 차 례

1부

게발선인장 – 19
할아버지 정원 – 20
작은 구멍 – 21
물끄러미 – 22
소중한 것 – 23
커피 한 잔 – 24
은행잎 – 25
철모르는 놈 – 26
낙엽이 – 27
은행나무 – 28
알람 – 29
솟대 – 30
텅 빈 가슴 – 31
점쟁이 – 32
연꽃 – 34
버들강아지 – 35
안 보이면 죽은 겨 – 36

2부

손톱을 깎으며 - 39
대나무 - 40
출가 - 41
색안경 - 42
축구공 - 43
볼링 핀 - 44
나무에 핀 꽃 - 45
까마귀 - 46
과욕 - 47
카페 헤밍웨이 - 48
비듬 - 49
과시 - 50
아버지 손수레 - 51
가마솥 - 52
빨랫줄 - 53
목련 소통법 - 54
매화 분재 - 55
무임승차 - 56
매립지에서 - 57

3부

냄새 – 61

쇠똥구리 – 62

해삼 잡는 할머니 – 63

안개 속에서 – 64

산다는 것 – 65

맷돌 – 66

거울을 보며 – 67

해맞이 – 68

몸뻬 – 70

감자 – 71

민들레 – 72

관성의 법칙 – 73

촛불 – 74

아내 – 75

반딧불이 – 76

저녁노을 – 77

4부

아버지 경운기 – 81
비그늘 – 82
느티나무 – 83
가을바람 멈추다 – 84
여수에 가면 – 86
당신 꽃 – 87
참꽃 – 88
하나 더 – 89
해우소 – 90
아버지 – 91
숫돌 – 92
오동도 – 93
외인 출입금지 – 94
친구 – 95
어떤 투병기 – 96
갑자기 – 98

■ 해설 | 이병렬(소설가, 시인, 문학박사) – 101

1부

게발선인장

아파트 베란다 구석 화분에서
선인장이 겨울을 났다
물 한번 주지 않고 눈길 한번 주지 않았다
어둑한 저녁 무렵 청소를 하는데
평소 나지 않던 냄새가 났다
어깨가 축 처져 있으면서도
줄기 끝에 꽃이 폈다
꽃을 피우려고 줄기의 허리는 잘록해졌고
뿌리는 얼마 남지 않은 흙을 꽉 쥐고 있었다
나를 보더니 고개를 들어 웃었다
물 힌 바가지 듬뿍 수었다

할아버지 정원

차례를 지내고 성묘를 하러 갔다
보지 못했던 찔레나무 한 그루가
먼저 와 있었다
험한 세상 맴돌다
이곳에 뿌리를 내렸는가 보다

베어내려는 순간
'놓아두어라'
'나 좋아서 찾아온 손님이잖니'
단정하게 다듬고 술도 한잔 올렸다

작은 구멍

세상일이 들락거린다
이쪽에서 저쪽에서

물끄러미

고요한 날 물끄러미
저녁나절 의자에 앉아 있는데
내 옆에 낙엽 하나 떨어지면 행복합니다
산책을 하는데
제비꽃 날 쳐다보면 행복해집니다
아침 출근길 토담 밑에
바쁘게 움직이는 다람쥐 보면
물끄러미 세상을 보고 있으면
모든 것이 바쁘게 움직입니다
오늘 아침
바쁘게 움직이는 당신을 보며
당신의 소중함을 알았습니다
그런 당신을 물끄러미 바라보는 나는
얼마나 행복한 사람인가요

소중한 것

유난히 조용한 새벽
봄비 내리던 날
툭
툭
목련 지고 있습니다

지는 것이 있으면
피어나는 것이 있듯
세상은 그렇게
자연스레 돌아갑니다

밤하늘에
초승달 고요한데
별들은
별똥을
툭
툭
내뱉고 있습니다

이런 하찮은 것에서
우리는 세상살이를 배웁니다

커피 한 잔

당신 속 깊이는 알 수는 없지만
커피 마시다 보면
그대의 따뜻함을 알 수 있어요
잔에 입술 대고
당신 눈을 보면
나는 당신 눈 속에 있어요
서로 말은 없어도
우리는 알 수 있어요
커피 한 잔에
아침도 함께 깨어납니다

은행잎

초췌한 낯빛을 하고
바람에 흔들릴 때
떠나가려는 몸짓이다
푸르던 몸뚱어리
실없이 떨어진다

떠나간 그 자리에
내년 봄 피어날 눈망울 통통하다

떨어진 은행잎
땅에 누워 웃고 있다

철모르는 놈

늦가을
양지바른 곳
개나리가 피어 있다

떨어지려는 이파리도
멈칫하더니
나뭇가지에
바짝 매달린다

낙엽이

시 한 편 쓰고 있다
이 가을 가기 전
봄부터 피멍 들도록
젖 빨다가
가을 다 갈 때쯤
세상 나들이 급하다
하얀 눈 내리기 전
마음속에 남은
시 한 편 써야겠다고

은행나무

놓지 못하고 축 처진 가지
밤새 신들린 듯 춤추더니
바닥이 온통 노랗다

아무 일 없었던 것처럼
휘였던 허리 곧추세운다

바람 불던 날

알람

매일 약속한 시각
내 귓불 간질이며
사랑합니다 속삭인다
그 소리 반가워
만져주고 눈 맞춤 해주지만
어떤 때는 귀 막고 밀쳐버린다
그래도 매일 속삭이는 그녀
듣지 못하면
괜한 욕 하며 두들긴다

기다려야 한다
매일 속삭이는 소리

일어나요 사랑합니다

솟대

폐교된 초등학교 계단 위
난간에 항아리 모양으로 솟대 달았다
투명한 항아리 안으로
하늘이 들어와 앉는다
때론 구름 걸리고
지나는 잠자리 호기심으로 기웃거린다

내 마음 빈 항아리처럼 비우면
무엇이 들어와 채울까
들추고 싶지 않은 마음마저
보고 가는 건 아닌가

가만히 앉아
솟대 항아리 보며
대답이 나올 듯 나올 듯
하더니 어느새 구름 나가고
내 마음 걸려들지 않는다

텅 빈 가슴

새벽 세 시 현관문
번호키 소리에 눈떴다
옆자리가 허전하다
누가 온 것도 아닐 텐데
고요한 이 밤

바람 마중 갔다 온 것인지
냉기가 돈다
들어오자마자
아들의 빈방 열어보고 한숨짓는다
애써 잠을 청하며 누웠는데
감기지 않는 눈가 촉촉하고
엄마 부르는 소리 기다리는
두 귀 쫑긋 세운다
적막이 흐르는 새벽
창가에 비친 달과 별빛도
가쁜 한숨 소리에 무겁다
소나기라도
세차게 내렸으면

점쟁이

오이도 방파제 위 점집
화려한 옷차림에
무당 같은 화장 하고 도도하게 앉아 있다

힐긋 쳐다보며
손님 걱정이 많구먼
어머니 연세가 어떻게 되나
여든셋입니다
아버지는 돌아가셨지 남쪽에서 왔지
척척 맞는다

이사 가려는데 어디로 가야 하나요
서울 쪽으로 가야 돈이 많이 붙어
그럼 부자가 될 거야

심심풀이로 본 점인데
부자가 된다는 말에
솔깃해지며 깊은 생각에 잠겨 있는데

〈
초등학교 학생으로 보이는 어린애가
문을 박차고 들어오며
엄마 큰일 났어
집세 안 냈다고 방 빼래

만원을 테이블 위에 놓고
쓴웃음 지으며 그 자리를 나온다

연꽃

꽃망울
툭 툭 터지면

바람
그렇게 흘러가고

잠시 머뭇거리다
꽃잎 떨어지면

마음이
가벼워진다

버들강아지

솜털 같은 바람의 무게
키 세운 나무에 응석 부리는
버들강아지 눈빛을 보았다
한겨울 지나 햇살 따사로운 날
며칠 관심 뒤 주지 않았는데
산새 다녀간 자리
솜털 세우고 눈 부릅뜬다
목마름의 눈빛 외면했던
관심의 부재에 한없이 미안했다
녹아내린 수액으로 기지개 켜는 아침
어둠 견디어낸 꿈들이 다시
나무 곁으로 돌아와
봄보다 먼저 부화한 눈빛으로
차가웠던 공간마다 따뜻하다
귀에 울리는 익숙함보다
온몸으로 말하는 그윽한 눈빛
말없이 보듬으면 아침이 환하다

안 보이면 죽은 겨

연말 모임에
친구들이 모여
두런두런 이야기가 나눈다
니가 잘났으면 얼마나 잘났나
언제 내가 잘났다고 했냐
언성이 높아졌다
한 친구가 벌떡 일어나
조용히 해
여기 싸우려고 왔냐
다 도토리 키재기야
우리 지금 싸울 나이가 아녀
다음 모임에 보이면 산 것이고
안 보이면 죽은 겨
만났으면 술이나 먹어
조용해졌다

2부

손톱을 깎으며

남의 가슴에 상처를 입힐까 봐
손톱을 자릅니다
세상 어디에도 아픈 흔적을 남기고 싶지 않아
손톱을 자릅니다
너무 큰 상처로 가슴이 부풀어
닿기만 해도 톡 터질 것 같아
손톱을 자릅니다
아름다운 추억의 거울을 닦을 때
혹시 잘못 스쳐 흠집이 생길까 봐
손톱을 자릅니다
어수선한 세상 마음 추슬러
새로운 날 위해
손톱을 자릅니다

대나무

바람 불면 휘청댄다
힘이 없어서가 아니다

휘어지지 않으면
꺾이는 것을 안다

바람에 흔들린다고
지조 없는 것이 아니다

더불어 사는 것은
바람에 몸을 기대는 일이다

출가

우리 집 호박 덩굴이 담을 넘어
이웃집으로 넘어간다
사랑의 꽃을 활짝 피우더니
호박이 열린다
얼마 후
우리 집 담장 안에
심지도 않은 포도가
호박 덩굴 속에서 익어 간다

서로 담장 위에 덩굴이
얽혀 있다

색안경

세상을 가려준다
차마 눈 뜨고 볼 수 없는
낯 뜨거운 광경들
바로 보기 민망해서
색안경 낀다
여름에
홀랑 벗은 햇볕이 너무 따가워
바로 볼 수 없어 낀다

축구공

 가슴이 철렁하여 놀라고, 때론 망연자실하게 해도 좋다 그물을 철렁인 나에게 키스하는 사람이 좋다 하고 싶은 일에서 살짝 빗겨 가거나, 맞고 튀어나오거나 지금도 누군가에게 떠밀려 다니는 누군가의 운명이다

볼링 핀

때려라, 부셔라
왼쪽으로 치고
오른쪽으로 치고
날 치고 때려서
네 기분이 좋아질 수 있다면
네 멋대로 해라

쳐라 부숴라
너의 스트레스 몽땅 담아
주먹을 날려봐
인정사정 볼 것 없어
너의 화가 풀릴 거야
너의 마음이 풀릴 거야

얻어맞고 쓰러져야만
사람들의 관심을 받게 되는
권투를 하던 친구
펀치 한 방에 나가떨어지면
벌떡 일어서려고 애쓰던
풀어진 눈 눈 눈

나무에 핀 꽃

저수지 한가운데 있는 나무
숨도 쉬지 못할 물속에 서 있다
단단한 껍질은 간데없고
만질만질한 속살을 드러내 버티고 있다
가지 끝은 새까맣게 변하고 있다
상처의 옹이는 눈물 흘리며
간간이 지나는 사람을 바라본다

얼마 전부터 황새도 앉고 산새도 앉더니
새싹이 돋고 하얀 꽃이 피었다

까마귀

깍깍
밑에 인간들이 와 있네
까악
다른 데로 가자
까악까악
다른 데도 마찬가지야
깍
그래도 가 보자
까악 까악
시간 낭비라니까
깍깍 깍깍
그럼 여기서 쉬자
까까까악 까까까악

과욕

된장찌개가 싱겁다
소금을 친다
별맛이 없다
심심하다
소금을 더 친다
밋밋하다
소금을 더 친다
파르르 끓어 넘는다

맛을 보고
뚜껑을 덮는다

카페 헤밍웨이

시가 살아 숨 쉬는 곳
바닷물도 쉬어간다

섬 하나
물 울타리를 둘렀다

오색 몸단장한 돌산대교 교각 위에
쉬어가는 달

노인과 바다의 이야기가 흐르는
바다의 카페에서
잔잔한 찻잔에 조각배를 띄운다

오늘따라 유난히 바닷물이 출렁댄다

비듬

배고픈 시절

기름기가 그리워 메말라 부푼

머릿속에 피어난 하얀 꽃

과시

힘껏 부풀린다
낚시에 걸려 나온 복어가
숨을 크게 쉬더니
입을 꼭 다물고 배를 고무풍선같이 부풀린다

두 눈을 뚱그렇게 뜨고 나를 본다
웃었더니
팽팽하게 부풀린다
터질 듯 탱탱하게 부풀린다

내가 피식 웃어버렸더니
얼마지 않아
푹 꺼지고 만다

아버지 손수레

허리 휘며 잡아끌던 바퀴를
되돌려 본다
무릎 연골이 닳아 돌아가지 않는다

호박 덩굴이 타고 오른다
나팔꽃도 타고 오른다
담쟁이덩굴도 타고 오른다
비둘기가 둥지를 틀었다

아버지 여리게 기지개를 켜신다

가마솥

푸짐한 엉덩이다
가끔 모래의 한이 서려 있다

머리에는 윤기가 흐른다
둥글게 나이테도 있다
상투도 틀었다

텅 빈 가슴에 불을 지핀다
안으로 끓다 끝내 눈물 펑펑 쏟아낸다
말하지 못할 사연이 있지 싶다

빨랫줄

빨랫줄에 모두가 뒤집혔다
양말, 팬티, 속옷, 청바지

목욕 후 나를 뒤집어 본다
먼지 묻지 않았을까
색 바라지 않았을까

목련 소통법

하얀 백목련이 활짝 피었다
그 옆에 자목련도 피었다
바람이 살랑살랑 불면
하얀 목련은 제 몸을 털어
자목련 쪽으로 기운다
자목련은 꽃잎을 떨어뜨리지만
닿지 못한다
박새가 날아와
자목련 꽃잎을 물고 백목련 가지에 앉는다
백목련은 꽃잎을 우수수 떨어뜨린다

매화 분재

다리도 잘리었다
팔도 잘리었다
허리는 철삿줄로 묶인 자국
뱅뱅 돌며 골이 깊게 선명하다

가끔 내리는 빗물은
골 타고 흘러 적신다
어쩌다 작은 새가 앉았다
포르르 날아가 버린다

피어보려고
피어보려고
무던히 애쓰며 견뎠다

마침내 오늘 아침 봄비에
꽃이 활짝 피었다

무임승차

승용차 위에
은행잎 올라앉아

바싹 달라붙어
어디까지라도 따라갈 심산인가

천천히 조심조심
가을 끝으로

매립지에서

버려진 것들이
땅속에 묻혀

한 세월 뜨겁다가
꽃으로 피어났다

사람들은 꽃을 보며
좋아할 뿐
그 숨 막혔던 시간을
알지 못한다

저 꽃은 이름을 달리하여
우리들에게 올까 다시
생각이 꼬리를 물었다

3부

냄새

친구 아내가 나에게 향수를 뿌려줬다
기쁜 마음으로 아내에게 달려갔다
내 남편이 아닌 남자는 싫다 하면서 화를 낸다
내가 당신과 결혼한 것도
같은 이불 속에 자는 것도
수십 년을 질리지 않고 살아온 것도
당신의 냄새 때문이었다
토라져 방문을 닫고 사라진다
샤워를 하고 옷을 갈아입고 세탁소로 달려갔다

쇠똥구리

쇠똥을 굴린다
머리를 땅에 처박고 물구나무를 선다

세상을 바로 보기 싫었을까
세상을 거꾸로 보며 굴린다

나도 물구나무를 서 볼까

해삼 잡는 할머니

주저앉을 듯 말 듯
늘어진 햇살을 등에 지고
거친 바닥을 휘젓는다
낫같이 휜 허리는
반쯤 흘러내린 바지를 간신히 움켜잡고
툭 불거진 뼈마디에 골팬 주름이 걸려 있다
간간이 일어서면 허리를 펴기도 하고
무릎을 펴기도 한다
허리춤에 걸린 해삼 망태기는
일어설 때마다 눈물을 줄줄 흘리지만
서산에 걸린 햇살 사이로
웃는 할머니의 잇몸이 드러난다

안개 속에서

사방이 온통 흰 벽이다
한 치 앞을 볼 수 없다
두려움이 엄습해 온다
앞으로 뛰고 소리쳐도
바짝 따라붙는 좁은 공간
사방이 조용하다
허우적거리며 발버둥 친다
아무것도 할 수 없다

산다는 것

쓰레기통에서 메케한 냄새가 진동한다
안을 보니 곰팡이가 빵을 감싸고 있다
개미들이 분주히 먹는다
곰팡이와 개미가
먹을거리를 놓고 싸우는 것 같다

개미들은 통통하게 살이 쪘고
곰팡이는 하얀 솜털까지 송송 나 있다

한참을 보다가,
이것이 사는 것이야
그만 뚜껑을 닫았다

맷돌

돌고 돈다
지구가 돌듯 돌고 돈다
평생을 돌아야 한다

그 끝없는 일을 끝내고
박물관 진열장 앞에서
쉬고 있다

거울을 보며

거울을 보며 주름을 세니
두 개였던 것이 네 개로 늘었다

내가 나를 모르고 산다는 것을 나는 몰랐다

해맞이

달려온 발길을 잠시 멈추고
만성리 동쪽 바다 표면에 맞추었다
고깃배는 산모퉁이에 닻을 내리고
배에 부딪혀 시름하던 파도는
방랑자 시름처럼 풀 죽어 있다
가던 발길 지면에 얼어붙어
몸도 가늠할 수는 없지만
무엇인가를 갈망하는 눈빛으로
모두 한곳을 주시한다
갯벌 속에 가슴 닿았던 게들
슬며시 기어 나와 거품을 품고
갈매기는 재빨리 바위에 자리 잡고
웅장하게 떨리던 시커먼 연막은
서서히 물빛으로 열리고
하늘에 번지는 붉은 기운
여기저기에서 새어 나오는 신음
터지기 직전에 비집고 나오는 비명

잠시 조용하다

소나무 가지를 비집고 빛이 새어 나온다
솔 광이다
뻘건 속살이 드러나기 시작한다
바다는 끓어오르고
구름도 벌겋게 이글거리며 요동친다
뱃고동 소리 우렁차게 하늘을 울리고
갈매기 구름을 가르며 힘차게 날아간다

태양이 솟아오른다
사람들은 일제히 고개 숙이고 합장한다
한 해가 시작되었다

몸뻬

어머니 몸뻬는 은행이었다
한없이 돈이 나오는 줄 알았다
한 번도 내색하지 않고 꺼내 주셨다

어느 날 목돈이 필요했다
당연히 주머니에서 꺼내줄 줄 알았는데
몸뻬를 벗어 놓고는 밖으로 나가셨다
한참 뒤에야 들어오시면서
간신히 빌렸다고 웃으셨다

순간 눈물이 핑 돌았지만 꾹 참았다
주머니 옆에 실밥 터진 구멍이
그날은 크게 보였다

감자

연보라색 꽃이 피었다
반쯤 잎사귀에 가려
수줍게 미소 짓는 꽃

보릿고개 있을 무렵
늦봄 정취를 만끽하며
텃밭에 피는 꽃

주먹만 한 보물을 갖고도
내색 한번 하지 않고
언제나 겸손한 꽃

땅속에 보이지 않게
보물을 숨겨두었다

민들레

파란 잎으로 돋아나
노란 꽃으로 피어서

비에 맞고 천둥에 놀라
노란 꽃술 희어 버렸다

꽃망울에 꼭 붙어 있어도
자꾸만 갈 길 가라고 한다

정해진 곳 없어도
떠나야 한다

떠나다 닿는 곳이 있으면
그곳이 살 곳이다

관성의 법칙

앞으로 가려고만 한다
몇 십 년을 달려왔다
잠시 쉬었다 가려고 짐을 내리면
처음 보는 바람이 등을 떠민다

앞으로 또 앞으로
그저 앞으로 가야만 한다

어린 시절 빨리 가고 싶어서
앞을 향해 뛰어가던 일을 생각한다

촛불

제삿날
양초에 불을 켰다
정점에 이르더니
촛농 흘러내린다

아버지
뜨겁게 울고 계신다

아내

결혼하고 지금껏
사랑한단 말 들어 본 적 없다
늘 행동으로만 표현한다

얼마 전 하던 일의 실패로
실의에 빠졌을 때도
말없이 내 손을 꽉 잡아 주었다
그간 나 없는 곳에서
홀로 눈물 흘렸을 것이다

수년을 떨어져 살아 기억들이 아득한데
어느 날 바닷가 한 찻집에서
내 손을 꼭 잡고 "여보 사랑해요"
웃으면서 눈물 글썽 인다

그 순간
가슴이 싸-아 한 것이
전율이 오고 눈물이 핑 돌아
그 자리를 피해 울었다

반딧불이

풀 향기 가득한
시골 논과 밭에 어둠이 내리면
여기저기서 파란 불빛이
하염없이 반짝였다.
쌀이 귀해 보리밥에
고추장과 열무김치를 넣고
썩썩 비벼 배불리 먹고 나면
앞마당에 온 식구가 멍석을 깔고 누워
밤하늘을 쳐다보며
내일 일을 생각했다
밤하늘에 적막이 흐르고
잔별들이 소리 없이 떨어지면
풀숲에선 반딧불이가
잔별 되어 한 아름씩 반짝였다
하늘엔 큰 별이
땅엔 잔별들이 반짝이고
귀뚜라미 개구리 울음소리
달빛 받아 푸른데
풀벌레 소리에 깊이 잠들었다

저녁노을

붉어진 볼
물 위에 비벼본다

수줍어 사르르 떨고
숨죽이며 파고드는 잔잔한 물결
바위 구석구석 후빈다

등지느러미 붉게 세운 참돔
바위 위로 뛰어오른다

하늘과 바다
온통 끓어오르는 물거품도
벌겋게 물들어 있다

4부

아버지 경운기

아버지 분신이
한구석에서 빨갛게 녹슬어 가고 있다
틈새로 담쟁이 넝쿨이 감고 올라
라이트만 조금 보인다

해가 중천인데 아버지 조용하다

비그늘

비 내리는 시장 모퉁이
쪼그려 앉아 채소 파는 할머니
머리에 떨어진 빗방울이
골 패인 주름을 도랑 삼아 흐르다
턱 밑에 맺혀
얼갈이배추에 떨어진다

할머니 얼마요
한 묶음에 천 원

그것을 묶으려고
조그만 엉덩이를 들어 올려
지푸라기를 잡는데
엉덩이 밑에
손바닥만 한 그늘이 있다
그곳에 개미들이 분주하다

느티나무

어릴 때 한여름
머리칼과 팔을 잡고 그네를 탔지
팔 그늘에 멍석을 깔고 이야기를 나눴지
움푹 패인 골을 보면 숙연해지기도 했지
동네 사람들의 분신이었지

타향을 떠돈 지 사십 수년
너는 그대로인데
나는 시름 가득하다

맑은 마음으로
너는 수백 년을 버티며 가슴을 열어 놓고 있다
문득 아버지 생각이 난다

가을바람 멈추다

온 세상 시름 다 안고
억새 틈 헤집어 웅크리면
너무 쌀쌀하다고
억새 말한다

잔뜩 찌푸린 하늘의 푸념
눈물로 호소하면
가슴이 저미고 아파서라고
가을비 말한다

단풍잎 추워서 떨 때
포근한 기운으로 애무하면
때가 되어 떨어진다고
단풍잎 말한다

낙엽들 방향 잃고
이리저리 쓸리면
가을의 끝이라고
떠나는 철새 말한다

〈
가을은 모든 떠나는 자들과 함께 갔다
바람도 멈추었다

여수에 가면

여수에 가면 당신이 살던 곳은 잊어버리고 다른 세상에 왔다고 생각하세요 근심 걱정 잊어버리고 풍경이나 눈에 담아두세요 일이 얽혀 풀리지 않을 때도 여수의 섬들 사이에서 빠끔히 스며드는 햇살 타래를 풀어 보세요 저녁을 먹고 나서는 바닷가에 나와 '여수 밤바다'를 흥얼거리면 당신도 바다가 되어 출렁거릴 거예요

정말 살 맛 나지요

십 분 가면 바다, 십 분 가면 섬, 십 분 가면 여수 한가운데 십 분 가면 물 십 분만 가면 출렁거림이 있습니다 제발 여수라는 말을 잊어버리세요 그리고 당신마저도 잊어버리세요

당신 꽃

마누라가 열이 심하다
집안일을 모두 떠맡게 되었다
식후에 설거지하는 것부터
세탁 후 속옷 너는 것과 다림질에
시장에서 마트까지

난생처음
음식물 쓰레기 버리려고 통을 들었다
냄새가 고약하다
뚜껑을 여는 순간 속을 뒤집는다

저렇게 지저분한 걸 보면서
자기 자신을 다듬었다니
지나던 길모퉁이
쓰레기 더미에서 핀 꽃
한참을 들여다보았다

참꽃

꽃망울
터지면

바람
그렇게 흘러가고

나그네
잠시 머뭇거릴 때

꽃잎 떨어지며
돌아가는 뒷모습이 궁금하다

하나 더

이른 새벽
바닥에 떨어진 밤송이
보일락 말락 한 밤
하나를 까고 밤 생김을 보니
동그랗게 생긴 놈 하나에
넓죽한 놈 하나
그리고 납작한 쭉정이
또 하나를 까니
펑퍼짐하게 생긴 큰 것 하나에
쭈골쭈골한 껍데기 두 개
궁금해진다
벗기고 또 벗기고
겉은 같아도 속은 생김이 다르다
속이 궁금해진다
하나 더 벗겨 보고 싶다

해우소

뜨거운 여름이나
추운 겨울이나
가슴을 열고
중생들의 속을 받아 내야 한다
비우는 사람들이 내뱉는 소리
아 시원하다
가슴을 크게 열어
마음 비워내는 소리도 듣는다

아버지

당당하셨던 모습
어디에 버리셨습니까
야단치시고 종아리도 때리던
그 엄격함은
어디에 두셨나요
아버지 오늘도 저는 거짓말을 하였는데
왜 꾸짖지 않으십니까
무서웠던 모습
어디에 버리셨습니까
왜 말이 없으십니까
아버지

숫돌

판판했던 몸뚱이가 움푹 팼다
허구한 날 몸뚱이를 예리한 칼날에 내맡긴다
떨어지는 분신을 보면서 한 번도 아프단 말도 없이
간간이 눈물까지 흘리며 몸을 깎는다
비비고 문질러 몸을 깎아내면서 날을 세운다
패이고 패일수록 칼날은 선다
자신을 깎아내어 칼날을 세우는 것이
너를 빛나게 한다

오동도

등대의 화려한 불빛
방파제 작은 섬을 파고들다
실루엣 바다로 떨어진다

피어난 대나무꽃
넘실대는 백일홍
동백꽃 바다의 흔들림에 더 붉다

분수 물줄기 흩어지듯
방파제에 부딪혀서 흩어지는 파도
낚시꾼 생각에 빠진다

파도도 뒤척이며
오동도를 자꾸 쓰다듬는다

외인 출입금지

그 안에는 무엇이 있을까
나비가 나풀대며 춤을 추고
꽃향기 그윽한 향 내음이 그 공간을 메우고
창공을 날기 위해 허물을 벗는
비전이 있는 테두리일까
그 공간을 들어가 보려고
시들어 가는 꽃잎에 키스도 해보고
지저귀는 새소리를 가슴에 담아보기도 하고
지는 해를 잡아 보겠다고
허공을 헤매던 어리석음도 자연스러워졌다
얼마를 더 가야
그 꿈같은 공간을 꿰뚫을 수 있을까
햇빛 한 줌을 잡고
그 공간을 파고들려고 발버둥 칠수록
내 그림자만 점점 더 길어진다
저 대문이 저렇게 견고한데
내 작은 생각으로
대문을 열 수 있을까
아직 마무리 되지 않은 시 한 편 써놓고
굳게 닫힌 문 앞을 서성거린다

친구

대장암 수술을 받은 친구
노량진 수산시장 새벽을 깨운다
얼마 살지 못한다는데 그는
단골손님에게 싱싱한 생선을 줄 수 있으면 됐다고 한다
죽으면서도 싱싱한 생선을 걱정한다
몸뚱이 성한 내가
해야 할 일에 멈칫거리는 것은
그 친구 앞에서 부끄럽다

어떤 투병기

폐암 말기 항암 19차
펫 시티 촬영한 필름을 놓고 의사가 설명한다
목 임파선에 전이된 암 덩어리는 거의 줄었어요
의사가 어머니 목을 만지며 설명한다
그런데 가슴에 있는 덩어리는 왜 안 줄어요
선생님 그거 뿌리까지 없앨 수는 없는가요
많이 좋아졌어요
더 커지지도 않고 그대로 있어요
암을 병이라고 생각치 마시고
몸의 일부라고 생각하시며 같이 사는 겁니다
주의에 암 걸린 사람들 보면 다들 죽어 나자빠지는데
솔직히 말해보시유
나 얼마나 더 살 수 있나요
선생님은 알고 있잖아요
사람마다 다 달라요
어머님은 의지가 강하셔서 십 년 이십 년도 살 수 있습니다
죽는다는 생각은 하지 마세요
의사 선생님은 밖으로 나가시고

〈
애야 니가 가서 의사한테 조용히 물어봐
몇 개월 더 살 수 있는지
동네 약사가 그러는데
입맛이 없으면 죽는다는데
내가 요즘 통 입맛이 없어 밥을 못 먹겠다
병원 옆 갈빗집에서
갈비탕을 사드렸는데
통 드시지 못한다
밥숟갈만 들었다 놓았다 하더니
이제 죽으려나 보다 하며 수저를 놓는다

시골 가는 차 안에서
애야 다음에는 병원 옮겨야겠다
의사가 고놈에 암 덩어리 하나 못 없앤다냐
알았지 네 어머니

갑자기

불어오던 바람 멈추었다
손이 닿지 않는 곳
간질간질 긁어 주던
손길이 사라졌다
오늘도 스쳐 가던 자리
눈길 주었지만
싸늘하게 눈총만 받았다
다들 어디 갔을까
불어오던 바람 오지 않으니
손길 닿을 수 없는 곳
등이 가렵다

■□ 해설

욕심 없는 마음 한 꾸러미

이병렬(소설가, 시인, 문학박사)

I 들어가면서

내가 살고 싶은 곳은 작은 초가집
내가 먹고 싶은 것은 구운 옥수수
욕심 없는 나의 마음 탓하지 마라
사람들아 사람들아 워워워 음

1970년대 말에 유행한 가요 〈욕심없는 마음〉의 1절이다. '4월과 5월'이란 이름의 듀엣이 부른 노래인데, 초가집, 옥수수, 저고리, 성경책······에 욕심 없는 마음을 담아 단조로운 멜로디를 반복하여 대중들의 인기를 얻었다. 조용수의 시편들을 읽다가 40년도 훌쩍 넘은, 사람들에게 '욕심 없는 나의 마음 탓하지 마라'는 이 노래가 떠올랐다.

시집을 출간한다며 원고를 읽어달라는 부탁을 받아 선뜻 수락을 하고는 그날 밤으로 후딱 읽었다. 그만큼 술술 읽혔다. 그런데 어느 특정 시 한 편을 읽다가 혹은 어느 한 구절에서 그런 게 아니라 마지막 시편까지 다 읽고 난 후 제일 먼저 그 노래가 떠올랐다. 그냥 떠오른 것만이 아니라 콧노래까지 나왔다. 맞다. 조용수의 시편들을 한마디로 표현하자면 시인의 '욕심 없는 마음'이다. 그래서 대뜸 '욕심 없는 마음 한 꾸러미'라 글 제목부터 써놓고 시를 또 읽었다.

II 시인이 생각하는 삶

 조용수를 처음 만난 것은 부천의 시인 박수호 선생의 부탁을 받아 시창작교실 합평회에 강의를 할 때였다. 나중에 안 사실이지만, 그는 경희대 화공과를 졸업하고 ㈜한화에 입사했는데 여수사업장에서 근무할 때 전남대 평생교육원 문예창작과를 수료했을 뿐만 아니라 이미 여러 동인지에 작품을 발표한 시인이었다. 정년퇴직 후에는 '박수호 시창작교실'의 합평회에 참여하며 꾸준히 작품을 선보이고 있었다.
 내가 합평회에서 처음 접한 그의 시는 〈비그늘〉이었다.

비 내리는 시장 모퉁이
쪼그려 앉아 채소 파는 할머니
머리에 떨어진 빗방울이
골 패인 주름을 도랑 삼아 흐르다
턱 밑에 맺혀
얼갈이배추에 떨어진다

할머니 얼마요
한 묶음에 천 원

그것을 묶으려고
조그만 엉덩이를 들어 올려
시푸라기를 집는데
엉덩이 밑에
손바닥만 한 그늘이 있다
그곳에 개미들이 분주하다

- 「비그늘」 전문

 이 시 초고에 대하여 나는 시창작교실 카페 게시판에 이렇게 평을 했다.

오우 예~~~! 멋진 그림.
　시장에서 장사하는 할머니의 삶 그리고 개미의 활동을 통해 건강한 삶의 현장을 잘 그려내고 있다. 시장 한 모퉁이를 언어로 그린 풍경화 한 폭이다. '비그늘'이란 '산맥이 습한 바닷바람을 가로막고 있어 비가 내리지 않는 지역'을 일컫는 말이다. 그런데 시인은 이 단어를 개미의 입장에서 비 오는 날 '채소 파는 할머니'의 엉덩이에 가려 비에 젖지 않은, 마른 땅을 일컫고 있다. 글쓴이의 감각이 엿보이는 글이다. 다음 작품을 기대하게 한다.

　이런 평과 함께 당시 동작이 크게 느껴지는 어휘 몇 개를 지적했는데 이번 시집에 수록하면서는 깔끔하게 수정을 했다. 사실 합평회에서 만난 시창작교실 수강생이었지만 그는 이미 시인이었다.
　문학만이 아니다. 많이 알려져 있지만 그는 '조아랑'이란 예명으로 '멋진 남자'를 발표한 트로트 가수이다. 여러 행사에 초대받아 가수 활동에 바쁘면서도 틈틈이 문학회의 여러 모임 - 소새동인, 시낭송, 디카시 등의 회원이기도 한, 어쩌면 팔방미인이라 할 수 있다. 이런 그의 이력은 이번에 출간하는 시집 『관성의 법칙』 첫머리 '시인의 말'에 잘 나온다. "내가 사는 동안 좋아했던 일은 / 시 쓰며 노래했던 일이다"는 '시인의 말'은 결코 빈 말이 아니다. 그러면서도 "삶을 노래하고, 시를 쓰며 / 어디로 가야 하는지" '막연' 했다면서 자신이 살아온 삶이 "어지러운 발자국 같았다"고 겸손해 한다.

>앞으로 가려고만 한다
>몇 십 년을 달려왔다
>잠시 쉬었다 가려고 짐을 내리면
>처음 보는 바람이 등을 떠민다
>
>앞으로 또 앞으로
>그저 앞으로 가야만 한다
>
>어린 시질 뻘리 기고 싶어서
>앞을 향해 뛰어가던 일을 생각한다
>
>-「관성의 법칙」 전문

시집 제목이기도 한 「관성의 법칙」은 시인이 지향하는 삶의 모습을 보여준다. "앞으로 또 앞으로 / 그저 앞으로 가야만 한다"는 그의 삶은 어디를 향하고 있을까. "잠시 쉬었다 가려고 짐을 내"려도 "바람이 등을 떠"미는 곳, 어릴 때부터 앞을 향해 뛰었던 곳은 어디일까. 그 답은 「외인 출입금지」에 나온다.

> 그 안에는 무엇이 있을까
> (중략)
> 저 대문이 저렇게 견고한데
> 내 작은 생각으로
> 대문을 열 수 있을까
> 아직 마무리 되지 않은 시 한 편 써놓고
> 굳게 닫힌 문 앞을 서성거린다
>
> -「외인 출입금지」부분

  시인은 '외인 출입금지'인 곳에 들어가고파 한다. 그곳은 바로 "나비가 나풀대며 춤을 추고 / 꽃향기 그윽한 향내음이" 있는 곳이다. 그 공간에 들어가려고 "시들어 가는 꽃잎에 키스도 해보고 / 지저귀는 새소리를 가슴에 담아 보기도 하고 / 지는 해를 잡아 보겠다고" 허공을 헤맸다. 과연 그곳은 어디일까. 시집에 수록된 시 전편을 읽은 독자들은 감지할 수 있다. 바로 시(詩)를 쓰는 일, 시인이 되는 것이다.

  그렇다고 시인은 조급해한다거나 안달하지 않는다.「민들레」에서 시인은 "정해진 곳 없어도 / 떠나야 한다"면서도 "떠나다 닿는 곳이 있으면 / 그곳이 살 곳이다"고 한다. 이런 자세는 "십 분 가면 바다, 십 분 가면 섬, 십 분 가면 여수 한가운데 십 분 가면 물 십 분만 가면 출렁거림이 있습니다. 제발 여수라는 말을 잊어버리세요. 그리고 당신마저도 잊어버리세요"라는 「여수에 가면」에서 절정을 이룬다. 앞에서 이미 규정하였듯이, 흔히 말하는 '마음 비우기' 혹은 '내려놓기'라 할 '욕심 없는 마음'이다.

이런 마음은 "남의 가슴에 상처를 입힐까봐" "세상 어디에도 아픈 흔적을 남기고 싶지 않아" 손톱을 자른다는 「손톱을 자르며」, "우리 집 호박 덩굴이 담을 넘어 / 이웃집으로 넘어"가 호박이 열리고 이웃집 포도가 "우리 집 담장 안에" 넘어와 익어가는, 어쩌면 얼굴 붉히며 싸울 이웃 산의 일을 그저 "덩굴이 / 얽혀 있다"고만 말하는 「출가」, 다리와 팔이 잘리고 허리는 철삿줄로 묶였지만 원망도 않고 "아침 봄비에 / 꽃이 활짝 피었다"는 「매화 분재」, "어느새 구름 나가고 / 내 마음 걸려들지 않는" 「솟대」에 구체적으로 드러난다.

Ⅲ 소소한 일상에 공감하기

아파트 베란다 구석 화분에서
선인장이 겨울을 났다

물 한번 주지 않고 눈길 한번 주지 않았다
어둑한 저녁 무렵 청소를 하는데
평소 나지 않던 냄새가 났다
어깨가 축 처져 있으면서도
줄기 끝에 꽃이 폈다
꽃을 피우려고 줄기의 허리는 잘록해졌고
뿌리는 얼마 남지 않은 흙을 꽉 쥐고 있었다
나를 보더니 고개를 들어 웃었다
물 한 바가지 듬뿍 주었다

−「게발선인장」 전문

「게발선인장」은 겨우내 선인장에 물을 주지 않은 상황을 그리고 있다. 겨우내 "물 한번 주지 않고 눈길 한번 주지 않았"던 모양이다. 그러다가 베란다 청소를 하다가 "평소 나지 않던 냄새"를 맡는다. 바로 게발선인장 꽃향기이다. 그런데 시인의 눈에 비친 게발선인장은 "어깨가 축 처져 있"다. 그러면서도 "줄기 끝에 꽃이 폈"단다.

주인이 눈길 한번 주지 않았고 물 한번 안 줬는데 게발선인장은 얼마나 힘들었을까. "꽃을 피우려고 줄기의 허리는 잘록해졌고 / 뿌리는 얼마 남지 않은 흙을 꽉 쥐고 있"는 모습에 시인의 마음이 어땠을까. 물은 물론이요 눈길 조차 주지 않았던 게발선인장. 곧바로 "물 한 바가지 듬뿍 주었다"지 않는가.

사실 시의 내용이래야 특별할 것이 없다. 그런데 "어깨가 축 처져 있"다던가, "허리는 잘록해졌"다 혹은 "흙을 꽉 쥐고 있었다" 그리고 "고개를 들어 웃었다"는 의인법 외에는 특별히 꾸미지 않고 있는 그대로 그려낸 그림이 오히려 잔잔한 느낌으로 다가온다. 그런 잔잔함이 마지막 행, 주인의 행동 "물 한 바가지 듬뿍 주었다"에서 갈무리된다.

주인의 무관심 속에서도 생명을 잉태하는 끈끈한 생명력을 말하는 것 같지만 그보다 더 중요한 것은 그런 게발선인장의 생태에 대한 시인의 공감이다. 타인의 어려움을 이해하고 같이 아파할 줄 아는 시인 시를 읽는 내 마음까지 참 따뜻해진다.

> 저수지 한가운데 있는 나무
> 숨도 쉬지 못할 물속에 서 있다
> 단단한 껍질은 간데없고
> 만질만질한 속살을 드러내 버티고 있다
> 가지 끝은 새까맣게 변하고 있다
> 상처의 옹이는 눈물 흘리며
> 간간이 지나는 사람을 바라본다

얼마 전부터 황새도 앉고 산새도 앉더니

새싹이 돋고 하얀 꽃이 피었다

- 「나무에 핀 꽃」 전문

「나무에 핀 꽃」은 주왕산 주산지(注山池) 왕버들을 그린 것으로 읽힌다. "저수지 한가운데" "숨도 쉬지 못할 물속에 서 있"는 왕버들은 껍질이 벗겨지고 속살을 그대로 드러내고 있다. 이를 시인은 "상처의 옹이는 눈물 흘리"는 것으로 인식한다. 여기에 시인은 왕버들을 위로하듯 나뭇가지에 앉은 새들을 일컬어 "새싹이 돋고 하얀 꽃이 피었다"고 표현한다. 나는 그저 멋진 풍광이라고 카메라를 들이댔는데 시인은 물속에 잠긴 왕버들의 삶의 고통에 공감하고 있다. 그러니 가지에 앉은 새를 "나무에 핀 꽃"으로 인식하지 않았겠는가.

「축구공」도 그렇다. 골대 안으로 공을 차 넣으면 "가슴이 철렁하여 놀라고, 때론 망연자실하게 해도 좋"을 것이요, 골인을 시키고 나면 "그물을 철렁인 나에게 키스하는 사람이 좋"을 것이다. 그러나 골인은 늘 있는 일이 아니다. "하고 싶은 일에서 살짝 빗겨 가거나, 맞고 튀어나오거나" 한다. 그런데 시인은 축구선수가 아니라 축구공의 입장에 선다. 축구공은 누군가에게는 골대에 차 넣는 것이겠지만 시인은 "지금도 누군가에게 떠밀려 다니는 누군가의 운명"으로 본다. 지극히 사소한 사물일망정 시인은 그것들의 삶의 고통에 공감하여 대신 말하고 있다.

    유난히 조용한 새벽
    봄비 내리던 날
    툭
    툭
    목련 지고 있습니다

    지는 것이 있으면
    피어나는 것이 있듯
    세상은 그렇게
    자연스레 돌아갑니다

    밤하늘에
    초승달 고요한데
    별들은
    별똥을
    툭
    툭

내뱉고 있습니다

이런 하찮은 것에서
우리는 세상살이를 배웁니다

　　－「소중한 것」전문

　목련이 진다거나 별똥별 떨어질 때 대부분이 그냥 그러려니 할 것이지만 시인의 인식은 다르다. 꽃이 질 때 그리고 별똥이 떨어질 때 시인은 그 속에서 자연의 섭리를 읽어내고 세상살이를 배운다. 1연과 4연의 "툭 / 툭" 의성어의 행갈이가 돋보이는 시행배열과 함께 독자들은 이 시에서 하찮은 것에서 '소중한 것'을 인식하는 시인의 공감 능력을 배우게 된다.

　주격조사로 끝난 제목의 시 「낙엽이」에서는 "봄부터 피멍 들도록 / 젖 빨다가 / 가을 다 갈 때쯤 / 세상 나들이 급하다 / 눈 내리기 전" 떨어지는 낙엽을 "시 한 편 쓰고 있다"고 인식한다. 앞에서 언급했지만 "비 내리는 시장 모퉁이 / 쪼그려 앉아 채소 파는 할머니"가 얼갈이배추 묶으려고 "조그만 엉덩이를 들어 올려 / 지푸라기를 잡"을 때 할머니의 "엉덩이 밑에 / 손바닥만 한 그늘"에 분주한 개미들의 움직임을 그린 「비그늘」은 그런 공감이 없으면 포

착하기 쉽지 않다. "승용차 위에 / 은행잎 올라앉"은 은행잎이 어디까지라도 따라가려는 심사를 「무임승차」로 표현한 것은 유머러스하기까지 하다.

> 놓지 못하고 축 처진 가지
> 밤새 신들린 듯 춤추더니
> 바닥이 온통 노랗다
>
> 아무 일 없었던 것처럼
> 휘었던 허리 곧추세운다
> 바람 불던 날
>
> - 「은행나무」 전문

이러한 공감과 함께 〈은행나무〉는 시행 배열의 기법까지 보여준다. 바람이 불어 잎을 떨군 은행나무를 보며 "아무 일 없었던 것처럼 / 휘었던 허리 곧추세운다"는 공감이겠지만, 어법상 첫 행에 있어야 할 "바람 불던 날"을 뚝 떼어 마지막 행에 배열한 기법은 시작(詩作)의 완숙미까지 보여준다.

Ⅳ 가족을 생각하는 마음

 시 속에 조부모나 아버지 어머니를 그리고 있다면 그 시를 쓴 시인은 중년을 넘어섰음이 분명하다. 상상력이 풍부한 영혼이라는 젊은 시인들에게서는 찾아보기 힘든 소재이기 때문이다. '내가 부모 되어서 알아보'겠다고 소월이 말했듯이 부모를 생각하는 것은 부모만큼 나이가 들었음을 방증하는 일이리라.
 잘 알고 있듯이 조용수 시인은 중년을 넘어서며 시창작 공부를 했다. 그리고 지금 이순(耳順)을 넘어서 고희(古稀) 쪽에 가까운 나이이다. 그런 연륜을 말해주듯 그의 시에는 할아버지, 아버지, 어머니는 물론 아내가 자주 등장한다.

> 차례를 지내고 성묘를 하러 갔다
> 보지 못했던 찔레나무 한 그루가
> 먼저 와 있었다
> 험한 세상 맴돌다
> 이곳에 뿌리를 내렸는가 보다
>
> 베어내려는 순간
> '놓아두어라'
> '나 좋아서 찾아온 손님이잖니'

단정하게 다듬고 술도 한잔 올렸다

─ 「할아버지 정원」 전문

 시인이 할아버지 산소에 갔다. 그런데 무덤가에 평소에는 보이지 않던 찔레나무가 눈에 들어왔다. "험한 세상 맴돌다 / 이곳에 뿌리를 내렸는가 보다"고 생각했겠지만 실은 너무 어려 눈에 뜨이지 않았다가 줄기를 뻗고 크게 자라니 보였으리라. 무덤가를 정리하려 "베어내려는 순간" 할아버지의 목소리가 환청으로 들린다. 그 찔레나무를 베어내지 말고 '놓아두어라'고 한다. 왜 그러셨을까. 바로 할아버지 ─ '나 좋아서 찾아온 손님'이라고 말씀하신다.

 사실 무덤 속 할아버지가 그렇게 말씀하셨을 리가 없다. 시인 자신이 할아버지가 되어 그 찔레나무를 바라보며 떠오른 상념이 분명하다. 자주 산소에 와 인사를 드리지 못하는 시인 대신에 할아버지를 찾아와 준 손님으로 본 것이다. 찔레나무가 불쌍한 것이 아니라 할아버지를 생각하고 있는 시인의 모습이다.

허리 휘며 잡아끌던 바퀴를
되돌려 본다
무릎 연골이 닳아 돌아가지 않는다

호박 덩굴이 타고 오른다
나팔꽃도 타고 오른다
담쟁이덩굴도 타고 오른다
비둘기가 둥지를 틀었다

아버지 여리게 기지개를 켜신다

 －「아버지 손수레」 전문

  시인의 아버지가 손수레를 끌었던 모양이다. 가고 안 계신 아버지를 당신이 끌던 손수레 바퀴를 돌리며 느낀다. 오랜 세월 손수레를 끌었을 테니 아버지의 무릎 연골도 닳았을 터, 잘 돌아가지 않았으리라. 어디 그뿐인가. 세워놓은 손수레를 호박 덩굴, 나팔꽃, 담쟁이덩굴이 타고 오르고 "비둘기가 둥지를 틀었"단다. 그런 모습을 보며 시인은 마치 아버지가 살아 계신 듯한 느낌이다. 아버지 몸을 호박 덩굴, 나팔꽃, 담쟁이덩굴이 감고 있고 비둘기가 둥지 틀어 함께 살아가는 듯한 느낌이다. 손수레를 끌던 아버지의 모습을 생각하지 않으면 생각해내지 못할 표현이다.
  「아버지 경운기」도 마찬가지이다. 손수레가 경운기로 바뀌고 어휘 표현이 달라졌을 뿐 아버지를 그리는 마음은 동일하다. 「촛불」에서는 제삿날 양초가 흘리는 촛농을 "아버지 / 뜨겁게 울고 계신다"고 했고, 「느티나무」에서는 "타향을 떠돈 지 사십 수년"만에 찾은 고향에서 느티나무는 그대로인데 자신은 시름이 가득하다며, 그럼에도 "수백 년을 버티며 가슴을 열어 놓고 있는" 느티나무 모습을 아버지로 인식한다.

그런 아버지가 가고 안 계신다. 계실 때에는 몰랐지만 가고 안 계시니 생각한다고 '아버지'란 시를 비판할 일이 아니다. 오히려 "당당하셨던 모습"의 아버지를 생각하며 잘못을 했는데도 "왜 꾸짖지 않으십니까" 혹은 "왜 말이 없으십니까"라 절규하는, 아버지를 그리는 시인의 마음에 독자 또한 숙연해진다.

어머니에 대한 생각도 마찬가지이다. 이는 「몸뻬」를 보면 극명하게 드러난다. 허리와 발목에 고무줄을 넣어 일하기 편하게 만든 옷, '일바지'라고도 부른 몸뻬는 40~70년대 여성들의 생활복이었다. 시인에게 "어머니 몸뻬는 은행이었다"고 한다. 아들이 필요하다고 하면 어머니는 몸뻬 주머니에서 돈을 내어주면서 "한 번도 내색하지 않"으셨기 때문이다. 마침 목돈이 필요하다고 요구했을 때 어머니는 몸뻬를 벗고 다른 옷으로 갈아입고 돈을 빌려오신다. 그때 시인의 눈에 들어온 어머니 몸뻬 "주머니 옆에 실밥 터진 구멍이 / 그날은 크게 보였"고 시인은 "눈물이 핑 돌았지만 꾹 참았"단다. 어머니의 무한한 자식사랑을 이렇게도 표현한다.

「어떤 투병기」는 어머니와의 에피소드 한 토막이다. "폐암 말기 항암 19차" 치료를 받는 어머니는 의사의 말이 마뜩찮다. 고향으로 가는 차 안에서 어머니는 아들에게 투정을 부린다. "애야 다음에는 병원 옮겨야겠다 / 의사가 고놈에 암 덩어리 하나 못 없앤다냐 / 알았지"라고. 점점 더 어린애가 되어가는 어머니의 모습에 아들은 고분고분 어머니의 말을 다 들어주고 "네 어머니"라 대답한다. 하루가 다르게 늙어가는 어머니의 모습과 그런 어머니의 응석을 다 받아주는 아들의 모습에서 모자간의 정이 독자들에게 고스란히 전해진다.

「냄새」는 아내 이야기이다.

> 친구 아내가 나에게 향수를 뿌려줬다
> 기쁜 마음으로 아내에게 달려갔다
> 내 남편이 아닌 남자는 싫다 하면서 화를 낸다
> 내가 당신과 결혼한 것도
> 같은 이불 속에 자는 것도
> 수십 년을 질리지 않고 살아온 것도
> 당신의 냄새 때문이었다
> 토라져 방문을 닫고 사라진다

샤워를 하고 옷을 갈아입고 세탁소로 달려갔다

- 「냄새」 전문

친구 아내가 뿌려준 향수가 좋았던 모양이다. 그러나 아내는 남편과 "결혼한 것도 / 같은 이불 속에 자는 것도 / 수십 년을 질리지 않고 살아온 것도" 오로지 남편의 냄새 때문이었다고 말한다. 그러니 향수 냄새가 나는 남편은 "남편이 아닌 남자"이기에 싫다고 한다. 친구 아내가 뿌려준 향수에 대한 질투로 볼 수도 있으나 남편을 향한 아내의 순수한 사랑으로 읽힌다. 이는 시인인 남편 또한 마찬가지이다. 그러니 향수 냄새를 지우기 위해 "샤워를 하고 옷을 갈아입고 세탁소로 달려갔"지 않겠는가. 그 아내에 그 남편이다.

시인의 아내에 대한 사랑은 곳곳에 그려진다. 「당신 꽃」에서는 아내가 아플 때 살림을 하면서 음식물 쓰레기를 버리려다 악취를 맡고는 그런 악취 속에 아내가 자신을 다듬었던 것을 생각한다. 그러니 "지나던 길모퉁이 / 쓰레기 더미에 핀 꽃"도 눈에 들어오는 것이리라. 「아내」에서는 결혼하고 사랑한단 말 들어본 적 없던 시인이 사업에 실패하고 실의에 빠졌을 때 "내 손을 꼭 잡고 여보 사랑해요"라 말하는 아내를 생각하고는 "그 자리를 피해 울었다"고

한다. 사업 실패로 실의에 빠진 남편을 위로하는 '사랑해요'란 아내의 말은 어떤 말보다 더 큰 응원이 되었으리라.

자식 자랑은 팔불출이라는데 시인은 할아버지, 아버지, 어머니 그리고 아내에 대한 마음을 있는 그대로 드러낸다. 이는 팔불출이 아니라 순수한 사랑으로 다가온다. 그리고 보면 시인이 부른 노래 '멋진 남자' 그대로 '착한 남자'임이 분명하다.

V 나오면서

흔히 요즘 시가 어렵다고들 말한다. 젊은 시인들의 풍부한 상상력을 따라가지 못해서가 아니라 표현 기법이나 어휘 그리고 수식 관계가 문법을 뛰어넘어 지극히 주관적인 감성을 토로하고 있어 주제가 모호하기 때문이다. 그러나 조용수의 시집 『관성의 법칙』은 아주 쉽다. 그렇다고 해서 아무렇게나 쓰인 시란 뜻은 아니다. 오히려 솔직한, 꾸밈없는 시인의 마음과 사물에 대한 인식이 지극히 평범한 어휘들로 자연스럽게 표현되어 독자들은 아주 쉽게 시인의 감성을 따라갈 수 있다.

시를 다 읽고 다시 한 번 '4월과 5월'이 부른 노래 〈욕심 없는 마음〉을 떠올린다. 분명 시를 읽으면 조 시인이 아무런 욕심 없는 사람으로 다가온다. 시 속에 표현된 그의 삶이 그러하고, 소소한 일상 혹은 타자에 대한 공감 수준이 그러하다. 가족들에 대한 사랑은 그가 '멋진 남자', '착한 남자'임을 말해준다. 보릿고개와 산업화라는 생존경쟁을 뚫고 살아온 그가 어떻게 이렇게 욕심이 없는 마음을 유지할 수 있었을까. 공학도이지만 그 심성 밑바닥에는 시를 향한 열정이 있었기 때문이 아닐까.

그러고 보면 그는 '욕심 없는 마음'이 아니다. 시쓰기, 시 낭송하기, 디카시 만들기…… 그리고 가수로서 노래하는 것에 대한 욕심은 가슴에 꽉 찬 사람이다. "시 쓰며 노래했던 일"이 "지난날도 그렇지만 / 다가오는 날도 이러할 것"이라고 그가 직접 말하지 않았던가. 문학에 대한 그의 이러한 열정이 다음 시집을 기대하게 만든다. ♣